汽车电气(第3版)
工作任务单

胡光辉 仇雅莉 主编

北京理工大学出版社
BEIJING INSTITUTE OF TECHNOLOGY PRESS

大气污染（第3版）

习题详解

郭淑敏 宫智刚 主编

北京理工大学出版社
BEIJING INSTITUTE OF TECHNOLOGY PRESS

目 录

实训项目一　汽车电器维修常用工具操作训练………………………………269
实训项目二　蓄电池的检测与充电……………………………………………272
实训项目三　交流发电机的拆装与检测………………………………………275
实训项目四　电源系统故障的诊断与排除……………………………………278
实训项目五　起动机的拆装与检测……………………………………………281
实训项目六　起动系统故障的诊断与排除……………………………………284
实训项目七　点火系统零部件的认识与检测…………………………………287
实训项目八　点火系统故障的诊断与排除……………………………………290
实训项目九　雾灯电路的连接…………………………………………………293
实训项目十　大灯电路的连接…………………………………………………295
实训项目十一　转向灯电路的连接……………………………………………297
实训项目十二　危险报警灯电路的连接………………………………………299
实训项目十三　雨刮装置的拆装与检测………………………………………301
实训项目十四　电动车窗电路的连接…………………………………………304
实训项目十五　电动车窗的拆装与检测………………………………………306
实训项目十六　电动后视镜电路的连接………………………………………309
实训项目十七　电动后视镜的拆装与检测……………………………………311
实训项目十八　空调制冷系统零部件的认识…………………………………313
实训项目十九　空调制冷剂加注回收一体机的使用…………………………315

实训项目一　汽车电器维修常用工具操作训练

指 导 教 师		成　　绩	
实 训 地 点		日　　期	

一、实训目的

① 掌握测试灯的使用方法；
② 掌握万用表的使用方法；
③ 掌握汽车故障诊断仪的使用方法。

二、设备器材

① 测试灯 4 套；
② 万用表 4 只；
③ 汽车故障诊断仪 4 套；
④ 汽车电器台架或汽车 4 辆。

三、教学组织

学生分 4 小组，在教师指导下完成任务工作单的内容。

四、任务工作单

1. 测试灯的使用方法
① 参考图 1-1（a），描述用试灯查找电路断路故障点的过程。

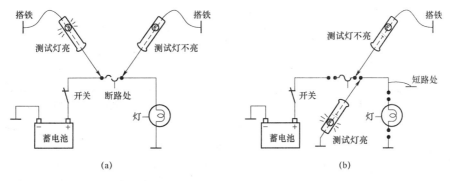

图 1-1　用试灯查找电路故障点

② 参考图1-1（b），描述用试灯查找电路短路故障点的过程。

2. 万用表的使用方法

① 万用表电阻挡调零方法。

② 参考图1-2，描述用万用表检测开关状态。

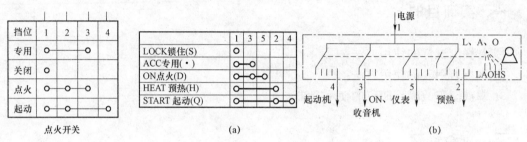

图1-2 用万用表检测开关状态
(a) 表格表示法；(b) 图形表示法

③ 参考图1-3，描述用万用表检测继电器。

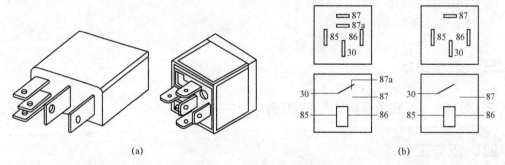

图1-3 用万用表检测继电器
(a) 外形；(b) 内部原理

④ 参考图1-4，描述用万用表查找电路断路故障点的过程。

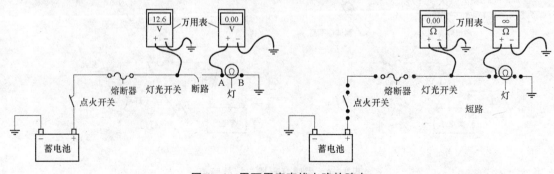

图1-4 用万用表查找电路故障点

3. 汽车故障诊断仪的使用方法

① 描述汽车故障诊断仪读取故障码的过程。

② 描述汽车故障诊断仪进行元件测试的过程。

4. 本次实训总结

本次实训中存在的疑问有哪些？最大的难点是什么？

实训项目二　蓄电池的检测与充电

指 导 教 师		成　　绩	
实 训 地 点		日　　期	

一、实训目的

① 掌握蓄电池外观的检测方法；
② 掌握蓄电池放电程度的检测方法；
③ 掌握高率放电计的使用方法；
④ 掌握蓄电池充电的方法和充电机的使用方法。

二、设备器材

① 充足电的蓄电池 4 只；
② 液面高度计、电解液密度检测仪、高率放电计、温度计、万用表、冰点测试仪各 4 只；
③ 蓄电池充电机 2 台；
④ 擦拭布、清水桶等其他用品。

三、教学组织

学生分 4 小组，在教师指导下完成任务工作单的内容。

四、任务工作单

1. 蓄电池外观检查
① 蓄电池的型号及含义：
结论：

② 蓄电池外壳污损程度及裂纹：
结论：

③ 蓄电池正负极桩腐蚀程度：
结论：

④ 蓄电池放电程度（有观察窗的蓄电池）：
结论：

⑤ 用万用表检测蓄电池端电压：
检测结果：

2. 用高率放电计检测蓄电池
① 检测工具是：

② 判断蓄电池极性：

③ 检测蓄电池端电压并将测量值记录于表 2-1 中。

表 2-1　测量值

一次测量	二次测量	三次测量

④ 写出检测中应注意的事项：

⑤ 检测结果分析：

3. 蓄电池的充电
① 蓄电池充电机的型号：

② 蓄电池组的连接方法：

③ 蓄电池充电过程中的注意事项：

④ 蓄电池充电终了检测的内容描述：

4. 本次实训总结
本次实训中存在的疑问有哪些？最大的难点是什么？

实训项目三　交流发电机的拆装与检测

指 导 教 师		成　　绩	
实 训 地 点		日　　期	

一、实训目的

① 掌握交流发电机解体前的检测方法；
② 掌握交流发电机解体与组装的方法；
③ 掌握交流发动机各组成部件的检测方法。

二、设备器材

① 交流发电机 4 台；
② 万用表、拉马、工具、记号笔各 4 套；
③ 擦拭布、润滑脂等其他用品。

三、教学组织

学生分 4 小组，在教师指导下完成任务工作单的内容。

四、任务工作单

1. 交流发电机解体前的检测
① 发电机型号及含义：
结论：

② 外观的检查：
结论：

③ 皮带轮运转情况检查：
结论：

④ 交流发电机各接线柱之间电阻值的检测,并将检测所得数据填入表 3-1。
发电机型号:(普通机、三接线柱机、四接线柱机)

表 3-1 电阻值测量值

	"B"与"E"之间的电阻值 /Ω		"N"与"E"之间的电阻值(外装电压调节器)/Ω		"F"与"E"之间的电阻值(外装电压调节器)/Ω
	正向	反向	正向	反向	
标准值					
实测值					

⑤ 判断发电机情况是否正常:
结论:

2. 交流发电机的解体与组装过程
① 用记号笔在发电机外壳上做好记号;
② 用扭力扳手拧下发电机皮带轮固定螺母,用拉马拆下皮带轮;
③ 拆下后端盖紧固螺钉,拆下后端盖;
④ 拆下定子上四个接线端在散热板上的连接螺母,使定子与后端盖分离;
⑤ 拆下发电机前、后端盖紧固螺栓,取下前端盖;
⑥ 取出止推垫圈和风扇叶轮,取出发电机转子总成;
⑦ 清洁各总成。
安装时,按拆卸的相反顺序组装。

3. 交流发电机解体后的检测
(1) 转子的检测
① 外观检查。检查滑环、铁芯等磨损情况;
② 转子绕组电阻值的检测:用万用表检测两滑环之间的电阻值。
检测值:　　　　　标准值:　　　　　结论:

③ 转子绕组搭铁检测:用万用表检测任一滑环与轴之间的电阻值。
检测值:　　　　　标准值:　　　　　结论:

④ 转子滑环的检测:检测滑环表面脏污、磨损情况。
检测值:　　　　　标准厚度:　　　　结论:

（2）定子的检测
① 定子绕组电阻值的检测：用万用表分别检测三个接线端子与中性点之间的电阻值。
检测值：　　　　　　　标准值：　　　　　　　结论：

② 定子绕组搭铁检测：用万用表检测任一接线端与壳体之间的电阻值。
检测值：　　　　　　　标准值：　　　　　　　结论：

（3）用万用表二极管挡检测整流器二极管性能
检测各整流二极管的正反向电阻值，填入表3-2中，并判断是否合格。

表3-2　整流二极管的正反向电阻值

二极管测量	二极管	正极管1	正极管2	正极管3	负极管4	负极管5	负极管6	标准值
	正向测量值/Ω							
	反向测量值/kΩ							
	分析及结果							

（4）电刷及电刷架的检测
① 电刷长度的检测：
检测值：　　　　　　　标准值：　　　　　　　结论：

② 电刷弹簧的检测：
检测值：　　　　　　　标准长度值：　　　　　结论：

检测值：　　　　　　　标准弹力值：　　　　　结论：

（5）轴承的检测
检查轴承是否有无磨损、松旷、卡滞的情况。

实训项目四 电源系统故障的诊断与排除

指 导 教 师		成　　绩	
实 训 地 点		日　　期	

一、实训目的

① 掌握交流发电机皮带松紧度的检测方法；
② 掌握电源系统电路的检测方法；
③ 掌握充电指示灯电路的检测方法；
④ 掌握交流发电机发电性能的检测方法。

二、设备器材

① 试验车 4 台；
② 万用表、测试灯、整车防护件、工具各 4 套；
③ 擦拭布等其他用品。

三、教学组织

学生分 4 小组，在教师指导下完成任务工作单的内容。

四、任务工作单

1. 检测发电机皮带松紧度并记录

用拇指以 30 N 的压力按压皮带，若皮带下降 10～15 mm，则为正常。或用手扭转皮带，扭转达到 90°则为正常。

检测结果：

2. 检测充电指示灯电路

在起动发动机过程中，观察充电指示灯。正常情况下起动发动机前，充电指示灯亮；发动机起动后，充电指示灯熄灭。

检测结果：

若上述检测不正常，根据被测车的电路维修手册，检测故障部位并排除。

3. 线路检测

（1）"B"线检测

用万用表检测发电机"B"端子电压和蓄电池"+"端子的电压，并比较。

发电机"B"端子电压：

蓄电池"+"端子电压：

检测结果：

（2）"S"线检测

拔下发电机电路控制插头，用万用表检测"S"端子电压：

检测结果：

（3）"IG"线检测

拔下发电机电路控制插头，将点火开关置于"ON"，用万用表检测"IG"端子电压：

检测结果：

（4）"L"线检测

拔下发电机电路控制插头，将点火开关置于"ON"，用万用表检测"IG"端子电压：

检测结果：

4. 在起动发动机之前，检测蓄电池电压及连接情况

在起动发动机之前，检测蓄电池电压（第一次检测），并检测蓄电池正极与发电机输出接线柱（充电系统主电路）之间的连接情况，并记录。

蓄电池电压：

充电系统主电路连接情况：

5. 起动发动机，检测发电机发电性能

① 起动发动机后，在怠速（1 000 r/min）状态下检测发电机输出电压。

检测值：　　　　　　　　标准值：　　　　　　　　结论：

② 使发动机中速（2 500 r/min）运转，检测发电机输出电压。
检测值：　　　　　　　　标准值：　　　　　　　　结论：

③ 保持发动机中速运转，开启大灯，检测发电机输出电压值。
检测值：　　　　　　　　标准值：　　　　　　　　结论：

6. 本次实训总结
本次实训中存在的疑问有哪些？最大的难点是什么？

实训项目五 起动机的拆装与检测

指 导 教 师		成　　绩	
实 训 地 点		日　　期	

一、实训目的

① 掌握起动机解体前的检测方法；
② 掌握起动机解体与组装的方法；
③ 掌握起动机各组成部件的检测方法。

二、设备器材

① 起动机 4 只；
② 万用表、工具、记号笔各 4 套；
③ 擦拭布、润滑脂、细砂纸等其他用品。

三、教学组织

学生分 4 小组，在教师指导下完成任务工作单的内容。

四、任务工作单

1. 起动机解体前的检测
① 起动机型号及含义：
② 外观的检查是否正常：
③ 起动机转子运转情况检查是否正常：
④ 起动机拨叉和小齿轮运动情况检查是否正常：
2. 起动机的解体与组装过程
① 用记号笔在起动机外壳上做好记号；
② 拆下起动机电磁开关主接线柱螺帽，拆下连接导线；
③ 拆下起动机电磁开关固定螺栓、拨叉连接螺栓，取下起动机电磁开关；
④ 拆下起动机防尘罩；
⑤ 用专用工具拆出炭刷；
⑥ 拆下起动机穿心螺栓，分离起动机后端盖与外壳；
⑦ 取出止推垫圈，取出起动机转子总成与拨叉；

⑧ 清洁各总成。

安装时，按拆卸的相反顺序组装。

3. 起动机解体后的检测

（1）电枢的检测

① 检查外观是否正常。

② 检查换向器磨损情况，有无脏污、烧蚀。

③ 电枢绕组电阻值的检测：用万用表检测换向器两相邻铜片之间的电阻值。

检测值：　　　　　　　　标准值：　　　　　　　　结论：

④ 电枢绕组搭铁检测：用万用表检测换向器铜片与电枢轴之间的电阻值。

检测值：　　　　　　　　标准值：　　　　　　　　结论：

（2）定子的检测

① 定子绕组电阻值的检测：用万用表分别检测定子绕组两个接线端之间的电阻值。

检测值：　　　　　　　　标准值：　　　　　　　　结论：

② 定子绕组搭铁检测：用万用表检测定子绕组任一接线端与壳体之间的电阻值。

检测值：　　　　　　　　标准值：　　　　　　　　结论：

（3）起动机电磁开关的检测

① 吸拉线圈电阻值的检测：用万用表检测吸拉线圈两端的电阻值。

检测值：　　　　　　　　标准值：　　　　　　　　结论：

② 保位线圈电阻值的检测：用万用表检测保位线圈两端的电阻值。

检测值：　　　　　　　　标准值：　　　　　　　　结论：

③ 电磁开关（接触盘与主接线柱）电阻值的检测：压下电磁开关铁芯，用万用表检测两主接线柱之间的电阻值。

检测值：　　　　　　　　标准值：　　　　　　　　结论：

（4）传动机构的检测
① 检测传动小齿轮损伤情况是否正常；
② 检测单向离合器是否打滑。
（5）电刷及电刷架的检测
① 电刷长度的检测。
检测值：　　　　　　　标准值：　　　　　　　结论：

② 电刷弹簧弹力的检测。
检测值：　　　　　　　标准值：　　　　　　　结论：

③ 电刷与电刷架绝缘检测。
检测值：　　　　　　　标准值：　　　　　　　结论：

（6）滑动轴承的检测
检查轴承是否有无磨损、松旷、卡滞的情况。

4. 本次实训总结
本次实训中存在的疑问有哪些？最大的难点是什么？

实训项目六 起动系统故障的诊断与排除

指 导 教 师		成　　绩	
实 训 地 点		日　　期	

一、实训目的

① 掌握起动机不工作故障的检测方法；
② 掌握起动系统主电路的检测方法；
③ 掌握起动系统控制电路的检测方法；
④ 掌握起动机电磁开关的检测方法；
⑤ 掌握起动继电器的检测方法。

二、设备器材

① 试验车 4 台；
② 可调电压直流电源、万用表、导线、整车防护件、工具各 4 套；
③ 擦拭布等其他用品。

三、教学组织

学生分 4 小组，在教师指导下完成任务工作单的内容。

四、任务工作单

1. 蓄电池及连接线（主电路）的检测
① 检查蓄电池与起动机的连接有无腐蚀和松动。
检测结果：

② 用万用表电压挡检测蓄电池电压。
检测值：　　　　　　标准值：　　　　　　结论：

③ 用万用表电压挡检测点火开关处于起动位置时蓄电池电压。

检测值：　　　　　　　　标准值：　　　　　　　　结论：

2. 起动继电器工作情况检测

（1）点火开关处于起动挡时，检测起动继电器有无"嗒"的闭合声音

① 有"嗒"的闭合声音，起动机不工作。检测继电器触点闭合情况是否良好；检测继电器至起动机电磁开关接线柱连接导线是否断路。

检测结果：

② 无"嗒"的闭合声音，更换继电器再试。若有闭合声音，证明原继电器损坏；若仍然无闭合声音，检测点火开关到起动继电器电路是否良好。

检测结果：

（2）继电器插座孔工作情况检测

① 用万用表电压挡，检测"30"端子（常火线端子）的电压是否正常。

检测结果：

② 用万用表电压挡，检测"50"端子（ST端子）在点火开关处于起动挡时的电压是否正常。

检测结果：

③ 用万用表电阻挡，检测"−"端子（搭铁）与搭铁之间的电阻值是否正常。

检测结果：

（3）继电器的检测

① 用万用表检测继电器线圈的电阻值。

检测值：　　　　　　　　标准值：　　　　　　　　结论：

② 用万用表检测继电器触点电阻值：将继电器线圈接到蓄电池两端，检测触点的接触电阻值。

检测值：　　　　　　　标准值：　　　　　　　结论：

3. 检测起动机电磁开关工作情况

点火开关处于起动挡时，起动机电磁开关是否有"嗒"的闭合声音？起动机能否正常运转？

① 有"嗒"的闭合声，起动机不工作。检测起动机电磁开关主触头接触情况是否良好。

检测结果：

② 有连续的"嗒、嗒"声音，但起动机不能正常运转。拆检起动机，检查吸拉线圈和保位线圈是否良好。

检测结果：

③ 有"嗒"的闭合声音，起动机运转无力。拆检起动机，检查起动机的卡滞情况；检测起动机单向离合器工作情况。

检测结果：

④ 无"嗒"的闭合声音，检测起动机电磁开关至继电器电路连接情况（也可以拨下起动机电磁开关上的连接插头，使点火开关处于起动挡，将试灯连接在插头与搭铁之间，看试灯是否点亮，能点亮说明电路正常）。

检测结果：

4. 本次实训总结

本次实训中存在的疑问有哪些？最大的难点是什么？

实训项目七　点火系统零部件的认识与检测

指 导 教 师		成　　绩	
实 训 地 点		日　　期	

一、实训目的

① 认识点火系统零部件；
② 掌握点火系统零部件在车辆上的安装位置。

二、设备器材

① 试验车 4 台；
② 整车防护件、专用工具各 4 套；
③ 擦拭布等其他用品。

三、教学组织

学生分 4 小组，在教师指导下完成任务工作单的内容。

四、任务工作单

1. 点火系统部件的认识

写出图 7-1 中各字母所表示零部件的名称及作用。

A 为：　　　　　　　作用是：

B 为：　　　　　　　作用是：

C 为：　　　　　　　作用是：

D 为：　　　　　　　作用是：

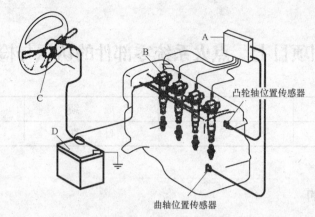

图 7-1 点火系统部件

2. 点火线圈的认识

① 写出实训用车点火线圈的安装位置：

② 对点火线圈类型的认识。

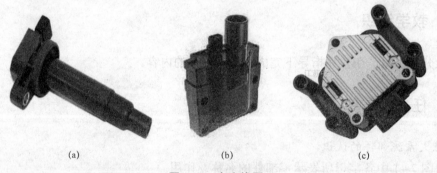

图 7-2 点火线圈

写出图 7-2 所示点火线圈类型，并举出其使用的车型。

（a）

（b）

（c）

3. 火花塞的认识

根据图 7-3 判断实训车辆火花塞的类型:

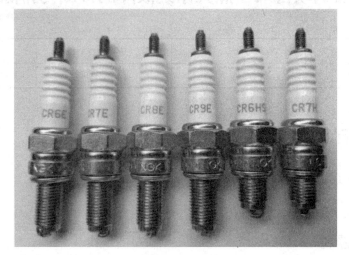

图 7-3 火花塞

判断其热值:

4. 曲轴位置传感器的认识

① 实训车曲轴位置传感器的安装位置:

② 判断实训车曲轴位置传感器类型:

5. 凸轮轴位置传感器的认识

① 实训凸轮轴位置传感器的安装位置:

② 判断实训车凸轮轴位置传感器类型:

6. 高压缸线的认识及检测

① 判断高压缸线的芯线数:

② 用万用表检测高压缸线电阻值。

检测值:　　　　　　　标准值:　　　　　　　结论:

实训项目八　点火系统故障的诊断与排除

指 导 教 师		成　　绩	
实 训 地 点		日　　期	

一、实训目的

① 掌握点火系统各零部件的检测方法；
② 掌握点火波形的检测方法。

二、设备器材

① 试验车 4 台；
② 汽车故障诊断仪、汽车专用示波器、万用表、点火线圈测试仪、导线、整车防护件、专用工具各 4 套；
③ 吹气枪、擦拭布等其他用品。

三、教学组织

学生分 4 小组，在教师指导下完成任务工作单的内容。

四、任务工作单

1. 火花塞的拆装与检测
（1）拆卸火花塞
① 打开发动机罩，用吹气枪对发动机进行吹尘处理，拆下点火线圈护板；
② 拔下点火线圈插头，松开点火线圈固定螺钉，取出点火线圈；
③ 再次用吹气枪对火花塞孔进行吹尘；
④ 用火花塞专用工具拆下火花塞，并用擦布护住火花塞孔，以防灰尘或物品落入孔内。
（2）检测火花塞
① 火花塞外观的检测（裂纹、烧蚀情况）。
检测结果：

② 火花塞电极颜色的检测。
颜色情况：　　　　　　　　结论：

③ 火花塞电极之间间隙的检测。
检测值：　　　　　　　标准值：　　　　　　　结论：

2. 点火线圈的检测
① 检测点火线圈初级线圈电阻值：关闭点火开关，用万用表检测点火线圈初级线圈电阻值。
检测值：　　　　　　　标准值：　　　　　　　结论：

② 检测点火线圈次级线圈电阻值：关闭点火开关，用万用表检测点火线圈次级线圈电阻值。
检测值：　　　　　　　标准值：　　　　　　　结论：

③ 检测点火线圈输入电压：拔下点火线圈插头，闭合点火开关，用万用表电压挡检测插头端电源端子电压。
检测值：　　　　　　　标准值：　　　　　　　结论：

④ 点火线圈点火性能的检测：用点火线圈测试仪（或采用跳火法）检测点火线圈的点火性能。
检测结果：

3. 高压导线的检测（独立点火系统除外）
① 检测各分缸高压导线电阻值：用万用表电阻挡检测各分缸高压导线电阻值。
检测值：　　　　　　　标准值：　　　　　　　结论：

② 检测中心高压导线电阻值：用万用表电阻挡检测中心高压导线电阻值。
检测值：　　　　　　　标准值：　　　　　　　结论：

4. 点火控制器的检测
① 点火开关处于闭合状态时，检测点火控制器插头端电源电压是否正常。
检测结果：

② 发动机运转时，检测点火控制器信号输入端电压是否正常。
检测结果：

③ 发动机运转时，检测点火控制器信号输出端电压是否正常。
检测结果：

5. 点火波形的检测
① 正确连接点火波形检测仪；
② 打开点火波形检测仪电源开关；
③ 起动发动机，并怠速运转；
④ 调整点火波形检测仪，使点火波形在仪器屏幕上处于最佳状态；
⑤ 判断点火波形是否正常。
绘制点火波形图：

6. 本次实训总结
本次实训中存在的疑问有哪些？最大的难点是什么？

实训项目九 雾灯电路的连接

指 导 教 师		成　　绩	
实 训 地 点		日　　期	

一、实训目的

① 掌握雾灯电路工作原理；
② 掌握雾灯电路及各部件的检测方法；
③ 正确连接雾灯电路。

二、设备器材

① 汽车灯光系统试验台（或试验车辆 4 台）；
② 车辆电路维修手册或试验车辆电路图；
③ 万用表、导线、工具各 4 套；
④ 整车防护件、保险片等其他用品。

三、教学组织

学生分 4 小组，在教师指导下完成任务工作单的内容。

四、任务工作单

1. 雾灯开关的检测
① 雾灯开关端子判断。
与雾灯继电器连接的端子号：　　　　　　　　　　与前雾灯连接的端子号：
与后雾灯连接的端子号：

② 检测雾灯开关处于 I 挡时，各端子之间的通断情况。
相互导通的端子号为：

③ 检测雾灯开关处于Ⅱ挡时，各端子之间的通断情况。
相互导通的端子号为：

2. 雾灯继电器的检测（如果采用试验车辆进行试验，可参照起动继电器检测方法进行）
① 雾灯继电器端子号。
与电源连接的端子为：
与灯光开关连接的端子为：
与雾灯开关连接的端子为：
与搭铁连接的端子为：

② 测量雾灯继电器线圈两个接线柱之间的电阻值，并记录阻值。
检测值：　　　　　　标准值：　　　　　　结论：

③ 测量雾灯继电器的两触点接线柱在触点接通时的电阻值，并记录阻值。
检测值：　　　　　　标准值：　　　　　　结论：

3. 前、后雾灯的检测
用万用表电阻挡检测前、后雾灯灯丝是否良好（或用通电的方法检测前后雾灯灯丝是否良好）。
检测结果：

4. 验证电路工作情况
正确连接前、后雾灯电路，并验证电路工作情况。
验证结果：

实训项目十　大灯电路的连接

指 导 教 师		成　　绩	
实 训 地 点		日　　期	

一、实训目的

① 掌握大灯电路工作原理；
② 掌握大灯电路及各部件的检测方法；
③ 正确连接大灯电路。

二、设备器材

① 汽车灯光系统试验台（或试验车辆4台）；
② 车辆电路维修手册或试验车辆电路图；
③ 万用表、导线、工具各4套；
④ 整车防护件、保险片等其他用品。

三、教学组织

学生分4小组，在教师指导下完成任务工作单的内容。

四、任务工作单

1. 大灯开关（灯光开关）的检测
① 灯光开关端子判断。
与电源连接的端子号：　　　　　与点火开关连接的端子号：
与小灯连接的端子号：　　　　　与变光开关连接的端子号：
与雾灯继电器连接的端子号：

② 检测大灯开关处于 I 挡时，各端子之间的通断情况。
相互导通的端子号为：

③ 检测大灯开关处于Ⅱ挡时，各端子之间的通断情况。
相互导通的端子号为：

2. 变光开关的检测
① 变光开关端子判断。
与电源连接的端子号：　　　　　　　　与灯光开关连接的端子号：

与大灯近光灯丝连接的端子号：　　　　与大灯远光灯丝连接的端子号：

② 变光开关处于近光位置时，各端子之间的通断情况。
相互导通的端子号为：

③ 变光开关处于远光位置时，各端子之间的通断情况。
相互导通的端子号为：

④ 变光开关处于点动位置时，各端子之间的通断情况。
相互导通的端子号为：

3. 大灯继电器的检测（如果采用试验车辆进行试验，可参照起动继电器检测方法进行）
① 正确判断大灯继电器线圈的两个接线柱，并检测它们之间的电阻值。
检测值：　　　　　　　标准值：　　　　　　　结论：

② 正确判断大灯继电器触点的两个接线柱，并检测触点接通时的电阻值。
检测值：　　　　　　　标准值：　　　　　　　结论：

4. 大灯远、近光灯丝的检测
用万用表电阻挡检测大灯远、近光灯丝是否良好（或用通电的方法检测大灯灯丝是否良好）。
检测结果：

5. 验证电路工作情况
正确连接大灯电路，并验证电路工作情况。

6. 本次实训总结
本次实训中存在的疑问有哪些？最大的难点是什么？

实训项目十一　转向灯电路的连接

指 导 教 师		成　　绩	
实 训 地 点		日　　期	

一、实训目的

① 掌握转向灯电路工作原理；
② 掌握转向灯电路及各部件的检测方法；
③ 正确连接转向灯电路。

二、设备器材

① 汽车灯光系统试验台（或试验车辆 4 台）；
② 车辆电路维修手册或试验车辆电路图；
③ 万用表、导线、工具各 4 套；
④ 整车防护件、保险片等其他用品。

三、教学组织

学生分 4 小组，在教师指导下完成任务工作单的内容。

四、任务工作单

1. 转向灯开关的检测
① 转向灯开关端子判断。
与闪光器连接的端子号：　　　　　　　　　　　　与左转向灯连接的端子号：
与右转向灯连接的端子号：

② 检测转向灯开关处于左转向时，各端子之间的通断情况。
相互导通的端子号为：

③ 检测转向灯开关处于右转向时，各端子之间的通断情况。
相互导通的端子号为：

2. 闪光器的检测
① 闪光器端子判断。
与转向灯开关连接的端子号：
与报警灯开关连接的端子号：
与搭铁连接的端子号：

② 检测闪光器性能。
在闪光器电源端子与搭铁端子之间加上 12 V 直流电压，检测闪光器工作情况。
检测结果：

3. 转向灯灯丝的检测
用万用表电阻挡检测转向灯灯丝是否良好（或用通电的方法检测）。
检测结果：

4. 验证电路工作情况
正确连接转向灯电路，并验证电路工作情况。
验证结果：

实训项目十二　危险报警灯电路的连接

指 导 教 师		成　　绩	
实 训 地 点		日　　期	

一、实训目的

① 掌握危险报警灯电路的工作原理；
② 掌握危险报警灯电路及各部件的检测方法；
③ 正确连接危险报警灯电路。

二、设备器材

① 汽车灯光系统试验台（或试验车辆 4 台）；
② 车辆电路维修手册或试验车辆电路图；
③ 万用表、导线、工具各 4 套；
④ 整车防护件、保险片等其他用品。

三、教学组织

学生分 4 小组，在教师指导下完成任务工作单的内容。

四、任务工作单

1. 危险报警灯开关的检测
① 危险报警灯开关端子判断。
与"30"（电源）连接的端子号：　　　　　与"15"（电源）连接的端子号：
与闪光器连接的端子号：　　　　　　　　与转向灯开关连接的端子号：
与左转向灯连接的端子号：　　　　　　　与右转向灯连接的端子号：

② 检测危险报警灯开关处于关闭状态时，各端子之间的通断情况。
相互导通的端子号为：

③ 检测危险报警灯开关处于打开（接通）状态时，各端子之间的通断情况。
相互导通的端子号为：

2. 闪光器的检测（略，与实训项目十相同）
3. 转向灯灯丝的检测（略，与实训项目十相同）
4. 验证电路工作情况
正确连接危险报警灯电路，并验证电路工作情况。

5. 本次实训总结
本次实训中存在的疑问有哪些？最大的难点是什么？

实训项目十三 雨刮装置的拆装与检测

指 导 教 师		成　　绩	
实 训 地 点		日　　期	

一、实训目的

① 掌握雨刮片的更换方法；
② 掌握雨刮器的拆装方法；
③ 掌握雨刮电动机的检测方法；
④ 掌握雨刮开关的检测方法；
⑤ 掌握雨刮继电器的检测方法。

二、设备器材

① 试验车辆 4 台；
② 车辆电路维修手册；
③ 蓄电池、万用表、导线、测试灯、工具、雨刮片、记号笔各 4 套；
④ 整车防护件、擦拭布等其他用品。

三、教学组织

学生分 4 小组，在教师指导下完成任务工作单的内容。

四、任务工作单

仔细查看下列各项工作任务的步骤与实际是否相符，若不相符则进行相应修改。
1. 雨刮片的更换
① 扳起雨刮器摆臂；
② 松开雨刮片锁止装置；
③ 拆下雨刮片；
④ 更换相同长度的雨刮片；
⑤ 放下雨刮器摆臂；
⑥ 打开雨刮器喷淋刮水挡，检查雨刮器刮水情况。
2. 雨刮器的拆装
① 拆下雨刮片；

② 打开发动机罩，拆下风窗下雨刮器防护板；
③ 按下连接雨刮器电动机导线插接器锁扣，松开插接器；
④ 用记号笔在雨刮器摆臂和紧固螺帽之间做好记号，并松开紧固螺帽；
⑤ 松开雨刮器总成固定螺栓，拆下雨刮器总成。
安装时，按相反顺序进行。

3. 雨刮器电动机的检测
① 雨刮电动机端子（插头端）判断。
与雨刮开关连接的端子号：
与雨刮继电器常闭触点连接的端子号：　　与雨刮继电器常开触点连接的端子号：
与雨刮开关高速挡位连接的端子号：　　与雨刮开关低速挡位连接的端子号：

② 雨刮电动机的检测。
用导线将雨刮电动机的搭铁端子与蓄电池负极相连接。将蓄电池正极分别与雨刮电动机高、低速端子连接，检测雨刮电动机转动是否正常。
检测结果：

4. 雨刮器开关的检测
可采用车上检测或车下检测，车下检测时可找到与试验车相同的雨刮器开关进行。车上检测步骤如下：
① 转动转向盘，使其盘幅位于垂直位置；
② 松开转向柱防护罩螺栓，拆下防护罩；
③ 脱开与雨刮器开关连接的插接器；
④ 用万用表电阻检测雨刮器开关在各个挡位时，端子之间的导通情况，并填入表13-1中；
⑤ 按拆卸相反的顺序装复。

表13-1　雨刮器开关各端子导通情况

挡位＼端子号						

5. 雨刮器继电器及继电器插座的检测

雨刮器继电器插座各接线柱的检测：用万用表检测雨刮器开关在各挡位时，插座各接线柱与搭铁之间的电压值，并记录于表13-2中。

表13-2 雨刮器开关在各挡位时插座各接线柱与搭铁之间的电压值

端子号	雨刮器开关挡位	电压值

6. 本次实训总结

本次实训中存在的疑问有哪些？最大的难点是什么？

实训项目十四 电动车窗电路的连接

指 导 教 师		成　　绩	
实 训 地 点		日　　期	

一、实训目的

① 掌握电动车窗电路的工作原理；
② 掌握电动车窗电路组成各部件的检测方法；
③ 正确连接电动车窗电路。

二、设备器材

① 汽车电动车窗试验台（或试验车辆）4 台；
② 车辆电路维修手册或试验车辆电路图；
③ 万用表、导线、工具各 4 套；
④ 蓄电池、保险片等其他用品。

三、教学组织

学生分 4 小组，在教师指导下完成任务工作单的内容。

四、任务工作单

1. 电动车窗主控制开关的检测

检测电动车窗主控制开关，并将各端子功能记录于表 14-1 中。

表 14-1 电动车窗主控制开关各端子功能

挡位 \ 端子号									
LOCK									
AUTO									
左前窗	升								
	降								

续表

挡位\端子号									
右前窗	升								
	降								
左后窗	升								
	降								
右后窗	升								
	降								

2. 电动车窗副控制开关的检测

检测电动车窗副控制开关，并将各端子功能记录于表14-2中。

表14-2 电动车窗副控制开关各端子功能

挡位\端子号				
OFF				
升				
降				

3. 验证电路工作情况

正确连接电动车窗电路，并验证电路工作情况。

4. 本次实训总结

本次实训中存在的疑问有哪些？最大的难点是什么？

实训项目十五　电动车窗的拆装与检测

指导教师		成　　绩	
实训地点		日　　期	

一、实训目的

① 掌握电动车窗玻璃的更换方法；
② 掌握电动车窗升降器的拆装方法；
③ 掌握电动车窗主控制开关电路的检测方法；
④ 掌握电动车窗副控制开关电路的检测方法；
⑤ 掌握电动车窗电动机的检测方法。

二、设备器材

① 试验车辆 4 辆；
② 车辆电路维修手册或试验车辆电路图；
③ 蓄电池、万用表、导线、测试灯、内装饰专用拆装等工具各 4 套；
④ 整车防护件、擦拭布等其他用品。

三、教学组织

学生分 4 小组，在教师指导下完成任务工作单的内容。

四、任务工作单

仔细查看下列各项工作任务的步骤与实际是否相符，若不相符则进行相应修改。

1. 电动车窗玻璃的更换
① 松开车门内开关扳的固定螺钉；
② 用专用工具拆下电动车窗主控制开关板，并松开导线连接器；
③ 用专用工具拆下车门内装饰板；
④ 重新安装上电动车窗主控制开关，打开点火开关，按下车窗升降按钮，使车窗玻璃处于合适位置；
⑤ 松开车窗玻璃固定螺钉；
⑥ 更换车窗玻璃。

更换完成后，按拆卸相反的顺序装复。

2. 车窗升降器的拆装
① 按上述方法拆除车窗玻璃；
② 松开电动车窗主控制开关、车窗电动机连接导线插接器；
③ 松开玻璃升降器的固定螺钉，拆下电动车窗升降器。
安装时，按相反顺序进行。

3. 电动车窗主控制开关电路的检测
（1）电动车窗主控制开关电源的检测
松开电动车窗主控制开关连接器，打开点火开关，用万用表电压挡，检测主控制开关电源接线柱电压。
端子号：　　　　　　检测值：　　　　　　结论：

（2）电动车窗主控制开关搭铁的检测
① 用万用表电阻挡（或导通挡）检测主控制开关搭铁接线柱与车身之间的电阻值。
端子号：　　　　　　检测值：　　　　　　结论：

② 按下车窗主控制开关上的升降锁止按钮后，检测其搭铁接线柱与车身之间的电阻值。
端子号：　　　　　　检测值：　　　　　　结论：

4. 电动车窗副控制开关电路的检测
（1）电动车窗副控制开关电源的检测
用专用工具拆下电动车窗副控制开关，拆下与开关连接的插接器，打开点火开关，用万用表电压挡，检测副控制开关插接器端电源接线柱电压。
端子号：　　　　　　检测值：　　　　　　结论：
（2）电动车窗副控制开关搭铁的检测
① 用万用表电阻挡（或导通挡）检测副控制开关插接器端搭铁接线柱与车门之间的电阻值。
端子号：　　　　　　检测值：　　　　　　结论：

② 按下车窗主控制开关上的车窗升降锁止按钮后，检测其搭铁接线柱与车身之间的电阻值。
端子号：　　　　　　检测值：　　　　　　结论：

5. 电动车窗电动机的检测

① 用连接导线将电动车窗电动机的两个连接端子引出。

② 将蓄电池的正、负极分别与电动车窗电动机的两个端子相连接，观察电动机运转情况。将蓄电池正、负极反向与电动机相连接，再观察电动机运转情况。

检测结果：

6. 本次实训总结

本次实训中存在的疑问有哪些？最大的难点是什么？

实训项目十六 电动后视镜电路的连接

指 导 教 师		成　　绩	
实 训 地 点		日　　期	

一、实训目的

① 掌握电动后视镜电路工作原理；
② 掌握电动后视镜电路组成各部件的检测方法；
③ 正确连接电动后视镜电路。

二、设备器材

① 汽车电动后视镜试验台（或试验车辆4台）；
② 车辆电路维修手册或试验车辆电路图；
③ 万用表、导线、工具各4套；
④ 蓄电池、保险片等其他用品。

三、教学组织

学生分4小组，在教师指导下完成任务工作单的内容。

四、任务工作单

1. 电动后视镜控制开关的检测

后视镜选择开关处于左位置，后视镜调整开关处于上位置时，导通端子号是什么？请完成表16-1。

表16-1　电动后视镜控制开关的检测（一）

开关位置	导通端子号	规定值	测量值
选择开关处于左位置			
调整开关处于上位置			

后视镜选择开关处于右位置，后视镜调整开关处于上位置时，导通端子号是什么？请完

成表16-2。

表16-2 电动后视镜控制开关的检测（二）

开关位置	导通端子号	规定值	测量值
选择开关处于右位置			
调整开关处于上位置			

2. 电动后视镜左右、上下控制电动机的检测

① 检测判断电动后视镜接线端子。用万用表电阻挡，检测电动后视镜电动机3个连接端子之间的电阻值，正确判断公共端子。

② 检测电动后视镜电动机。用导线将蓄电池正极与电动后视镜公共端子连接，用导线将蓄电池负极分别与另外两个端子连接，确定电动后视镜上下、左右控制电动机的连接端子。

3. 验证电路工作情况

正确连接电动后视镜电路，并验证电路工作情况。

4. 本次实训总结

本次实训中存在的疑问有哪些？最大的难点是什么？

实训项目十七　电动后视镜的拆装与检测

指 导 教 师		成　　绩	
实 训 地 点		日　　期	

一、实训目的

① 掌握电动后视镜的拆装方法；
② 掌握电动后视镜控制开关电路的检测方法；
③ 掌握电动后视镜电动机的检测方法。

二、设备器材

① 试验车辆 4 辆；
② 车辆电路维修手册或试验车辆电路图；
③ 蓄电池、万用表、导线、测试灯、内装饰专用拆装等工具各 4 套；
④ 整车防护件、擦拭布等其他用品。

三、教学组织

学生分 4 小组，在教师指导下完成任务工作单的内容。

四、任务工作单

仔细查看下列各项工作任务的步骤与实际是否相符，若不相符进行相应修改。
1. 电动后视的拆装
① 用专用工具拆下车门角窗盖板；
② 松开电动后视镜固定螺栓；
③ 松开电动后视镜导线连接器；
④ 拆下电动后视镜总成。
安装时，按拆卸相反的顺序装复。

2. 电动后视镜控制开关电路的检测
（1）电动后视镜控制开关电源的检测
用专用工具将驾驶员侧的车窗和后视镜控制板拆下，松开电动后视镜控制开关连接器，打开点火开关，用万用表电压挡，检测电动后视镜开关电源接线柱电压。
端子号：　　　　　　　检测值：　　　　　　　结论：

（2）电动后视镜控制开关搭铁的检测
用万用表电阻挡（或导通挡）检测控制开关搭铁接线柱与车身之间的电阻值。
端子号：　　　　　　　检测值：　　　　　　　结论：

3. 电动后视镜电动机的检测
（1）判断电动后视镜接线端子的共公端
用万用表分别检测电动后视镜3个端子之间的电阻值，正确判断电动后视镜接线的公共端子。
公共端子端子号：

（2）检测电动后视镜电动机性能
用连接导线将电动后视镜公共端、上下电动机和左右电动机连接端子引出。
将蓄电池的正、负极分别与电动后视镜电动机的公共端、上下电动机或左右电动机连接端子相连接，观察电动机运转情况。反向连接后，再观察电动机运转情况。
检测结果：

实训项目十八　空调制冷系统零部件的认识

指 导 教 师		成　　绩	
实 训 地 点		日　　期	

一、实训目的

① 正确认识空调制冷系统零部件；
② 掌握空调制冷系统各零部件的安装位置；
③ 掌握空调系统控制面板各按键的作用。

二、设备器材

① 汽车空调制冷系统试验台（或试验车）4 台；
② 空调制冷系统组成零部件各 4 套。

三、教学组织

学生分 4 小组，在教师指导下完成任务工作单的内容。

四、任务工作单

1. 认识空调制冷系统各零部件

根据图 18-1（或在试验台架、试验车上），认识空调制冷系统各零部件并写出名称。

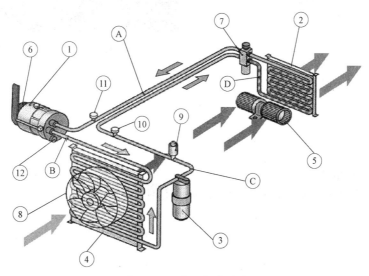

图 18-1　空调制冷系统

（1）各零部件名称和作用

① 名称：　　　　　　作用：
② 名称：　　　　　　作用：
③ 名称：　　　　　　作用：
④ 名称：　　　　　　作用：
⑤ 名称：　　　　　　作用：
⑥ 名称：　　　　　　作用：
⑦ 名称：　　　　　　作用：
⑧ 名称：　　　　　　作用：
⑨ 名称：　　　　　　作用：
⑩ 名称：　　　　　　作用：
⑪ 名称：　　　　　　作用：
⑫ 名称：　　　　　　作用：

（2）制冷剂在系统各段管道中的状态

A：　　　　B：　　　　C：　　　　D：

2. 空调系统控制面板各按键名称和功能

根据图18-2（或在试验车上），认识空调系统控制面板各按键并写出其功能。

① 名称：　　　功能：
② 名称：　　　功能：
③ 名称：　　　功能：
④ 名称：　　　功能：
⑤ 名称：　　　功能：
⑥ 名称：　　　功能：
⑦ 名称：　　　功能：
⑧ 名称：　　　功能：
⑨ 名称：　　　功能：
⑩ 名称：　　　功能：
⑪ 名称：　　　功能：
⑫ 名称：　　　功能：
⑬ 名称：　　　功能：
⑭ 名称：　　　功能：
⑮ 名称：　　　功能：
⑯ 名称：　　　功能：

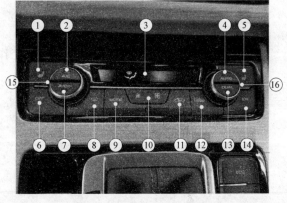

图18-2　空调系统控制面板

3. 本次实训总结

本次实训中存在的疑问有哪些？最大的难点是什么？

实训项目十九　空调制冷剂加注回收一体机的使用

指 导 教 师		成　　绩	
实 训 地 点		日　　期	

一、实训目的

① 掌握空调制冷剂加注回收一体机的操作方法；
② 掌握空调制冷系统制冷剂的加注方法；
③ 掌握空调制冷系统冷冻机油的加注方法。

二、设备器材

① 汽车空调制冷系统试验台（或试验车辆）4 台；
② 空调制冷剂加注回收一体机 4 台；
③ 空调制冷剂、冷冻机油、温度计、工具、整车防护件、擦拭布等。

三、教学组织

学生分 4 小组，在教师指导下完成任务工作单的内容。

四、任务工作单

仔细查看下列各项工作任务的步骤与实际是否相符，若不相符进行相应修改。

1. 认识空调制冷剂加注回收一体机上的操作按键、开关及功能

根据图 19-1 所示一体机操作面板，认识各按键并写出名称。

① 名称：　　　　功能：
② 名称：　　　　功能：
③ 名称：　　　　功能：
④ 名称：　　　　功能：
⑤ 名称：　　　　功能：
⑥ 名称：　　　　功能：
⑦ 名称：　　　　功能：
⑧ 名称：　　　　功能：
⑨ 名称：　　　　功能：
⑩ 名称：　　　　功能：

⑪ 名称：　　　　　　　功能：
⑫ 名称：　　　　　　　功能：
⑬ 名称：　　　　　　　功能：
⑭ 名称：　　　　　　　功能：
⑮ 名称：　　　　　　　功能：
⑯ 名称：　　　　　　　功能：
⑰ 名称：　　　　　　　功能：
⑱ 名称：　　　　　　　功能：

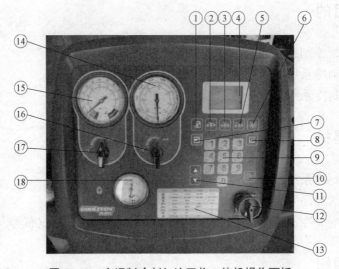

图 19-1　空调制冷剂加注回收一体机操作面板

2. 检测空调制冷剂加注回收一体机中制冷剂的质量

打开机器电源，显示屏显示一体机中存有剩余制冷剂的质量。

检测值：　　　　　　　标准值：　　　　　　　结论：

3. 回收制冷剂

① 关闭一体机上的高、低压开关；
② 将快速接头连接到空调制冷系统的高、低压接口上，并打开快速接头上的阀门；
③ 打开一体机电源开关，按下回收键，按下 I/O 键；
④ 打开一体机上的高、低压开关，制冷剂进入回收阶段，显示屏显示回收量；
⑤ 回收结束，显示屏显示回收制冷剂的质量；
⑥ 显示屏显示"请排油"时，打开排油瓶开关，排油结束后记录排油量（mL）。

4. 抽真空

① 按下抽真空按键，调整抽真空时间（一般为 15 min）；
② 按下 I/O 按键，一体机进入抽真空状态；
③ 抽真空时间到达后，关闭一体机上的高、低压开关，记录高、低压表读数。

高压表读数： 　　　　　低压表读数：

④ 停机 3～5 min 后，观察高、低压表读数，并判断空调制冷系统有无泄漏。
高压表读数： 　　　　　低压表读数： 　　　　　有无泄漏：

5. 加注冷冻机油和制冷剂
① 按下加注按键，选择加注冷冻机油；
② 打开冷冻机油加注开关，加注冷冻机油（注意加注量与前述回收量一致）；
③ 加注完毕，关闭冷冻机油加注开关；
④ 选择加注制冷剂页面，调整制冷剂回注量；
⑤ 打开一体机高压开关，按下 I/O 键，加注制冷剂；
⑥ 加注直至屏幕显示加注完成；
⑦ 检测制冷效果。起动发动机，打开空调 A/C 开关，打开车门，将温度旋钮调至最强冷挡，将出风量调整至最大，检测出风口温度，应为 7～11 ℃。
检测值： 　　　　　结论：

6. 本次实训总结
本次实训中存在的疑问有哪些？最大的难点是什么？